Das kleine Kräuterbuch

Einheimische
Heil-, Würz- und Duftpflanzen,
nach der Natur gezeichnet
von Willi Harwerth
Mit einer Kleinen Kräuterkunde
von Friedrich Schnack
und Erläuterungen
von Sandro Limbach

Insel Verlag

Sechste Auflage 1987

Insel Verlag Frankfurt am Main
Druck: Konkordia Druck GmbH,
Bühl/Baden
Printed in Germany
ISBN 3-458-08269-7

DAS KLEINE KRÄUTERBUCH

1. BALDRIAN

2. WURMFARN

3. BIBERNELLE

4. LÖWENZAHN

5. PETERSILIE

6. WEGWARTE

7. BEINWELL

8. LUNGENKRAUT

9. WALDMEISTER

10. ROSMARIN

11. HIRTENTÄSCHEL

12. SCHÖLLKRAUT

13. SALBEI

14. MAJORAN

15. BEIFUSS

16. BRENNESSEL

17. RAUTE

18. THYMIAN

19. QUENDEL

20. WERMUT

21. YSOP

22. SCHAFGARBE

23. RAINFARN

24. PFEFFERMINZE

25. MELISSE

26. FINGERHUT

27. BILSENKRAUT

28. STECHAPFEL

29. TOLLKIRSCHE

30. ARNIKA

31. KAMILLE

32. LAVENDEL

33. KÖNIGSKERZE

34. KÜMMEL

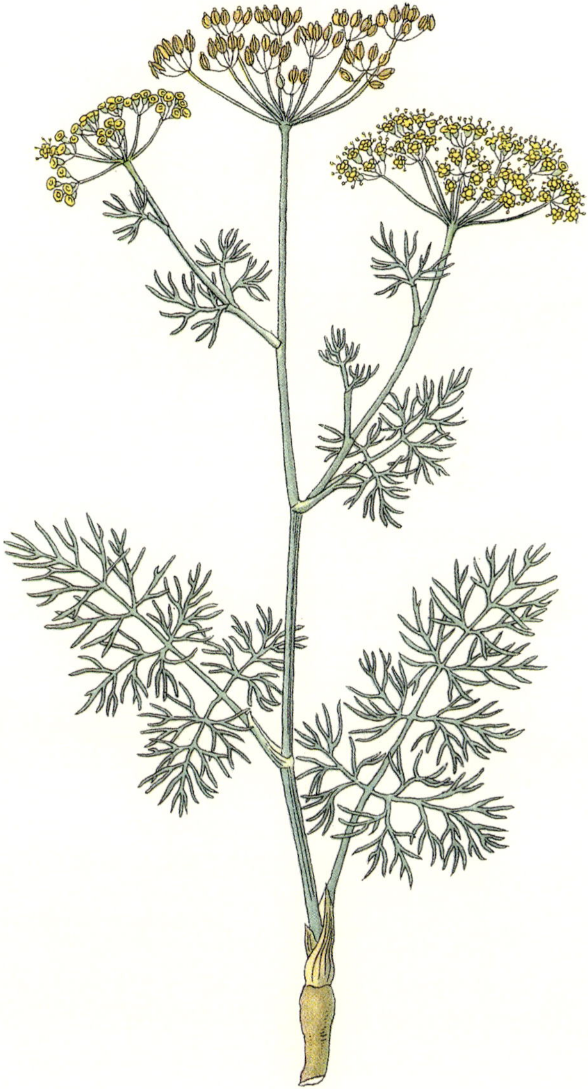

35. DILL

36. KORIANDER

ANHANG

KLEINE KRÄUTERKUNDE

Mensch und Pflanze

Das früheste und mächtigste organische Lebewesen unserer Welt ist die Pflanze. Ehe Tier und Mensch die Erde betraten, war sie da. Sie ist der Sendling des Lichtes, der schöne Herold der Schöpfung, der Vorbote des späteren höher gestuften Lebens, die biologische Voraussetzung für das Gedeihen tierischen und menschlichen Seins. Die grüne Mutter nährt alle.

Die Pflanze, Tochter einer noch älteren Mutter, der Meeresmutter, ist aus dem Wasser geboren. Wie Venus ist sie schaumentstiegen. Die vom Wasser bestimmte, nach Feuchte verlangende Wesensart hat sie auf dem Trockenen behalten. Ihr Blatt wurde von der Schwellkraft des Wassers gebildet. Wenn seine Feuchte verdunstet, zerfällt sein Gewebe zu Staub.

Die alte mütterliche Feuchte hat sich im Pflanzenleib zu Chlorophyll verwandelt, dem Pflanzenblut. Durch abermalige und verfeinernde Umsetzung im Menschenleib wurde aus dem mit der Nahrung aufgenommenen grünen Saft des Pflanzengeäders rotes Blut. Ohne Pflanzenblut kein Menschenblut. Unser Blutkreislauf, geheimnisvoll bewegt, erinnert an die steigenden und fallenden Saftströme in Pflanzen- und Baumleibern, aber auch an die im Riesenleib der Erde pulsenden Flüsse und Meere, in deren Wassern sich die niedersten Pflanzen entfalten, das Urlebensbrot, die Algen und das Plankton.

Durch die verwickelten Ernährungsvorgänge in

Pflanze, Tier und Mensch findet zwischen Wasser und Blattgrün, zwischen Blattgrün und rotem Blut ein beständiger Austausch zeugender und aufbauender Kräfte statt, gleich einem gewaltig ausgebreiteten Verkehr, in den durch die arbeitende Pflanzenwurzel die lebendigen Erdstoffe mit aufgenommen werden. Ist dieser Austausch gehemmt, fließt er nicht leicht und geschmeidig genug, entstehn – zumeist wohl beim Menschen, wie uns die Heilkunde belehrt – Schwächungen und Mangelkrankheiten. Eine solche Mangelkrankheit ist der Skorbut, der früher häufig Mannschaften und Reisende auf langsamen Segelschiffen befiel, wenn die Gemüse- und Frischfleischvorräte ihrer Schiffsküchen aufgebraucht waren.

Dreierlei Stoffe entwickelt die Pflanze: Holzstoff, Nahrungsstoff, Heilstoff. Daß sie außer Nahrungsstoff Heilstoff erzeugt, kann kein Zufall sein. Die ausgleichenden Weltkräfte haben ihn geschaffen, damit er der Sicherung und Bewahrung des animalischen Lebens diene, das sich im Groben mit Nahrungsstoff erhält. Eine andere Auffassung belehrt uns, daß auch Heilstoff Nahrungsstoff sei, und nur der Mensch, der sich einer geringen Auswahl bediene, habe geteilt, während die Pflanzenfresser unter den Tieren diesen Unterschied nicht machen: sie nehmen Nahrungs- und Heilpflanzen auf, weshalb sie vermutlich nicht so oft krank sind wie der anfälligere Mensch. Ihre Natur scheint sich, vielleicht deshalb, besser im Lebens-Gleichgewicht zu befinden.

Liest man in guten alten Werken über Heilpflanzen, so erfährt man zu seiner Verwunderung, daß unsere heimische Garten- und Wildflora viel mehr Heilkräuter schenkt, als wir noch in unsern Apothekerlisten finden. Nichts spricht dafür, daß unsere Vorfahren, naturnäher als wir Heutigen, sich über die Heilkraft ihrer Pflanzen getäuscht haben sollten. Wahrscheinlich hatten sie mehr Geduld mit ihren Kräutern, während wir bei Anwendung in kranken Tagen eine rasche Wirkung verspüren wollen und deshalb auf sie verzichtet haben, zugunsten von Pillen und Tropfen. Die Alten aber haben sich aus einer Fülle von Erdkräften bereichert und aus vielfältigen Quellen gesundheitliche Erneuerung geschöpft.

Vergessen wurden auch viele Würzkräuter. Salz und Pfeffer, Senf und Essig genügten der alten Küche zum Würzen nicht. Sie würzte nicht einseitig.

Gewürze verfeinern die Nahrung, veredeln den Geschmack und vervollkommnen mit feinen Kräften die Speisen. Sie sind aber auch heilsam, verbessern das Blut, regen die innern Organe an und stärken die Nerven. Sie erwärmen, reinigen, treiben, verteilen und regeln.

Diese auserwählten Kräuter sind eines Lobgesanges würdig, einer Gewürz-Weise, angestimmt auf den zierlichen Anis im Gebäck und in den Likören, auf das aromatische Basilikum in Tunken, auf das köstliche Bohnenkraut im Bohnengemüse, den erfrischenden Borretsch im Blattsalat und auf die pikante Schalotte. Wer wollte des guten Dills und des ermunternden Kerbels vergessen, wenn die Zeit der Frühlingssuppen gekommen ist und die jungen Salate das Herz erfreuen! Wie kräftig schmeckt das Kümmelbrot, wie gut der Koriander in der Stolle! Der Majoran gibt der Wurst Aroma. Petersilie und Bibernelle machen die Suppen wohltätig. Der Fisch liebt Salbei, das Rebhuhn den gewürzigen Thymian. Die Petersilie gehört in Suppen, in vielerlei Tunken, zu manchem Braten. Der eisenhaltige Schnittlauch kräftigt das Weichliche, regt die Eßlust an. Der wundervolle Ysop, der einen alten schönen Namen hat, begeistert den Kenner im Kartoffelsalat und als Würze auf Tomatenscheiben. Und was wäre das für ein Sauerkraut, in dem keine Wacholderbeeren mitgekocht wären, was für ein Wildbret ohne den fäulniswidrigen Beifuß und gar eine Linsensuppe ohne eine Zehe Knoblauch! Vergäße man aber die Zwiebel zu loben, taugte die ganze Gewürz-Weise nichts.

Es ist staunenswürdig und wie geheimnisvoll, daß die Pflanzen eine so merkwürdig lebensinnige, naturgegebene Beziehung zum Menschen und den Organen seines Körpers haben. Da er sein Leben der grünen Mutter verdankt, seine Aufbau- und Schutzstoffe von ihr empfängt: sind etwa seine Organe, ehe sie sich verleiblichen, im Mysterium der Pflanze vorgedacht? Die Organe besitzen eine gewisse Ähnlichkeit mit Pflanzenhaftem. Die Bildung des Gehirns mit seinen Windungen zum Beispiel erinnert an die des Walnußkerns, und wirklich ist Nußnahrung Gehirnnahrung. Die Lungenflügel ähneln Blättern am Stamm der Luftröhre, und viele Blätter enthalten Lungen-Heilstoffe. Die Darmfasern mit den Chylusgefäßen, dem Aufsaugen von Nahrung dienend, gemahnen an Wurzelfasern, und Wurzeln und Rüben bereiten Stoffe zur Bekämpfung von Darmkrankheiten. Die Haut, die den Leib umkleidet, läßt an die den Baum umhüllende Rinde denken: Absude mancher

Rinden klären den Teint und wirken günstig auf innere Hautbezirke.

Die alten Ärzte haben Ähnliches durch Ähnliches geheilt, und so haben sie beispielsweise die Neigung zur Bildung von Blasen-, Gallen- und Nierensteinen durch Aufgüsse der steinharten Hagebuttenkerne unserer Wildrose bekämpft: Stein gegen Stein. Dieser steinzerbrechende Trank wird auch heute noch als bewährtes Hausmittel gebraucht. Der Absud des wilden Stiefmütterchens reinigt das Blut und klärt unreine Haut. Schöngesicht nennt der Volksmund die Blume: Gesicht wirkt auf Gesicht.

Ganze Blumenfamilien haben ihre wirkende Sinnbildlichkeit. Nach der Signaturenlehre der alten Heilkunst, die nicht medizinische Wissenschaft war, wurde eine dem Kranken mangelnde Kraft aus einem Naturkörper, der sie in besonders starkem Maße besaß, auf jenen übertragen. Feurige Wesenheit wird auf Kälte übergeleitet, lösendes Vermögen auf zusammenziehende Verhärtung und anderes mehr.

Die sinnbildhafte Gestalt der Lippenblütler, die Goethe sprachschöner Lippen- und Rachenblumen nennt, ist das Gesicht. Die Blumen öffnen die Lippen, lassen die Münder klaffen, reißen die Rachen auf, züngeln mit den Staubgefäßen. Die Labiaten sind sehr reich an Apothekerblumen, sie sind eine wahre Heilgemeinde. Die Heilkunst wendet sie, vom Sinnbild gelenkt, auf Gesicht und Kopf des Menschen an. Ihr Lebensstoff ist in der Blüte am stärksten verdichtet. Sie haben etwas Hochsinniges, Geistiges, gleich dem Haupt des Menschen, dem die Gedanken und hochfliegenden Träume entstammen. Sie erzeugen ätherische Öle, die leicht flüchtig sind, verfliegende

Essenzen und Düfte. Das ihnen innewohnende Leben drängt zur Sonne. Sie lieben Feuer und Trockenheit. Je trockener der Standort und damit die Natur der Lippen- und Rachenblumen, um so kräftiger und erregter ihr Duft. Die Feuchte würde ihn dämpfen. Wärme ist ihre beste Gabe. Ihr auflösendes und verdunstendes Feuer flößen sie den erkälteten Organen ein, ihre verdampfende und verflüchtigende Kraft zerteilt die Krankheitsstoffe. Wie die der meisten Heilpflanzen ist auch ihre Gewalt nicht beschränkt, sondern weitgreifend. Doch sind Kopf, Mund, Hals – in einem: das Gesicht des Menschen ihr wichtigster Wirkungskreis. Der Auszug von Salbei wird als Mund- und Gurgelwasser genommen und schafft getrunken Erleichterung bei Katarrhen und Heiserkeit. Die Melisse stärkt das Gedächtnis; sie ist ein sicheres Mittel gegen Kopfschmerz. Pfefferminze und Krausenminze beseitigen Unreinheiten des Teints; sie verbessern schlechten Atem und kräftigen die Atmungsorgane. Wer auf einem Kräuterkissen von Thymian ruht, erquickt seine Kopfnerven. Dieses wundervoll duftende Kraut, auf dessen Polstern die Hasen und Wachteln schlummern, heilt den Husten und erleichtert die Qualen des Asthmas. Der Schlaf auf einem Kissen von Rosmarin erfrischt den Kopf. Diese mittelmeerische, lange schon in unsern Bauerngärten eingebürgerte Pflanze ist ein wahres Labe-Kraut. Sie lindert den Blutandrang zum Gehirn, besänftigt das Gemüt. Im Waschwasser verwendet, erhält sie die Gesichtshaut schön und jung. Auch fördert Rosmarin den Wuchs des Kopfhaares. Rosmarinöl mildert Augenschwäche: da es reizt, muß es der Kranke auf der Handfläche verreiben und den flüchtigen Geist gegen die Augen fächeln. Majoran bekämpft den Stockschnupfen und wirkt lösend auf erkrankte Atmungswege. Lavendel vertreibt die Migräne, hilft gleich dem Rosmarin, seinem auch dem trockenen Süden entstammenden Verwandten, bei Blutandrang und verjagt Schwindelgefühl. Augentrost endlich tröstet mit Bädern die Augen. Alle diese Kräuter wirken befreiend und erleichternd auf den Kopf.

Mit trockener Wärme arbeiten die Lippenblütler. Feuchte Wärme ist den Kreuzblütlern eigen. Im Gegensatz zum aromatisch verdünstenden Feuer der Rachenblumen ist ihr Geist scharf reizend, beißend. Die Rettiche und Radieschen sind Kreuzblütler. Ihre Blütenanlage ist meist winzig, ihr Wesen drängt nicht nach oben und außen, es sammelt sich im Pflanzeninnern und sinkt in die Tiefe, zuweilen bis in die Wurzel hinab, wie bei den Rettichen. (Von den gezüchteten, entarteten Kohlarten muß man absehn, ihre Kraft ist in die Krautbildung verlegt.) Die Heilkunst richtet die Pflanzen- und Heilsäfte der Kreuzblütler gegen tiefsitzende Leiden, auf Erkrankungen der Unterleibsorgane. Ihre feuchte, flüssige Feuernatur bewährt sich bei mancherlei Erkältungen, auch bei Stockungen des Stoffwechsels. Das Hirtentäschel, ein zierliches, schwaches Kraut, fegt Nieren- und Blasensteine aus dem Körper. Der Senf putzt Leber und Niere. Der Rettich reinigt Leber und Niere und befreit die Galle von Grieß. Der Samen des Leinkrauts reizt den Stoffwechsel an. Wiesenschaumkraut lindert gichtische Anfälle und ist dienlich bei Rheumatismus. Versteinungsvorgänge im Körper, die Bildung von Grieß, Nieren-, Gallen- und Blasensteinen, beruhen auf kalten, zusammenziehenden Ursachen. Die alten Ärzte haben gegen solche Erstarrungen die feuchte Wärme und das auflösende, lockernde und reinigende Temperament der heilsamen Kreuzblütler angesetzt.

Da die Heilkräuter aus der Herrgotts-Apotheke, wie ein Volkswort die heilkräftige Natur benennt, keine »Spezialmittel« sind, werden nur ganz wenige Pflanzen gegen eine einzige Krankheit angewandt. Den allermeisten eignet eine umfassende Heilgewalt. Das muß auch so sein: die einzelnen Organe des Menschen leben auch nicht für sich, sie sind miteinander verbunden und werden vom gleichen Blutstrom durchspült. Die Erkrankung des einen verursacht häufig auch die Erkrankung des andern. Dem Menschenleib steht der Leib der Pflanzenheit gegenüber, gleich einem mystischen Spiegel. Alle Pflanzenfamilien spenden ihm Heilkräfte, sogar die Moose und Flechten und die Flora des Meeres. Auch einige Pilze sind mit Heilsamkeit begabt.

Solange das Leben auf Erden besteht, werden die Heil- und Würzkräuter wachsen, blühen und duften. Wenn die medizinische Wissenschaft längst neue Behandlungsweisen, die wir uns noch nicht vorstellen können, ausgebildet hat, wird die reine und starke Kraft der Pflanzen und Bäume wie seit je lebendig sein. Sie stammen von Ewigkeit und überdauern die Zeitalter. Die grüne Mutter und Gärtnerin, die allschaffende Natur, die ihren Heil-, Würz-, Pflanzen- und Blumengarten abseits in der Stille hegt, tut es für die Tiere und den unsteten Sohn der Erde. Wenn er aus seiner Stadtfremde, seiner Verstandesferne und seinen mechanischen Welten zu ihr zurückkehrt, von der er ausging, wird sie ihn zu seinem leiblichen und seelischen Heile aufnehmen. Sollte sich aber einst in unausdenklicher Zukunft der kosmische Tod auf ihre Fluren und Wälder niedersenken, wäre mit ihrem Ende auch sein Ende gekommen. Auf Gedeih und Verderb ist er mit ihr verbunden.

Friedrich Schnack

Die Heilwirkung der Pflanzen zu erkennen und sie der leidenden Menschheit zuzuwenden vermögen nur Pflanzenforscher und Arzt, die über umfassendes geistiges und berufliches Rüstzeug verfügen. Von den Früchten solchen Bemühens kündet als älteste Schriftquelle die Bibel. Die Schriften der berühmten Ärzte des Altertums geben beredtes Zeugnis von ihrem Können und zeigen, wie ausgiebig sie sich der Heilkräuter bedienten. Hippokrates, Dioskurides, Plinius und Galenus sind die glänzendsten Vertreter antiker Heilkunst.

Vom Schatze ihrer Erkenntnisse und Erfahrungen mit Heilpflanzen zehrte die Vergangenheit bis zum Ausgang des Mittelalters. Das Erbe der alten Heilkundigen empfingen die Mönche, die in ihren Klostergärten Heil- und Würzkräuter anpflanzten und deren heilsame Anwendung erforschten und pflegten. Karl der Große ließ im Jahre 812 für die kaiserlichen Meierhöfe ein Capitulare de villis imperialibus aufstellen, eine Vorschrift, mit der der Anbau von siebzig Gemüse- und Heilpflanzen, auch einiger Obstbäume angeordnet wurde. Kriege verschafften eine wesentliche Erweiterung der Pflanzenkenntnisse, auch Reisen in ferne Länder. Der Einfall der Mauren in Spanien brachte dem Abendland das Wissen orientalischer Ärzte; die Kreuzzüge, Jahrhunderte später, führten dem Westen neues östliches Heilwissen zu. Viele unbekannte Heilstoffe bescherte die Entdeckung Amerikas. Bald wurden auch Apotheken gegründet, denen die unter ärztlicher Beaufsichtigung vorgenommene Zubereitung und sorgliche

Aufbewahrung der Arzneien anvertraut war. Kaiser Friedrich II. erließ 1224 ein Heil-Edikt und errichtete in Italien und Sizilien Apotheken. Die erste deutsche Apotheke wurde 1343 in Frankfurt am Main, die erste englische zwei Jahre später in London eröffnet.

Als nach Erfindung der Buchdruckerkunst im 15. Jahrhundert die Verbreitung von Wissensgut erleichtert und erweitert war, entstand eine Reihe wichtiger Kräuterbücher, deren Inhalt zum Teil noch heute wissenschaftlichen Wert hat, weit über die rein geschichtliche Denkwürdigkeit hinaus. Rühmend müssen neben den ärztlichen Schriften des Paracelsus von Hohenheim (gest. 1493) genannt werden: Jacobus Theodorus Tavernaemontanus (gest. 1590): New vollkommen Kreuterbuch, 1529; Otto Brunfels (gest. 1534): Contrafayt Kreuterbuch, 1532; Leonhart Fuchs (gest. 1566): New Kreuterbuch, 1534; Hieronymus Bock (gest. 1554): New Kreuterbuch, 1551; Carolus Clusius (geb. 1526): Rariorum plantarum historia, 1601.

Der mit diesen Werken eingeleitete Austausch von Fachwissen, verschiedenster Lehrmeinungen und die Befruchtung aller Gebiete des geistigen Lebens verursachte eine neue große Mehrung pflanzenkundlichen Kennens und Könnens; die allerstärkste und eindringlichste Beachtung fanden aber die heilkräftigen Kräuter.

Neue medizinische Richtungen, wie die von Hahnemann begründete homöopathische Schule, nahmen ebenfalls (und verwenden noch immer) die Heilpflanzen als bedeutsamsten Quell heilspendender Säfte und Tinkturen. Erst als in der zweiten Hälfte des 19. Jahrhunderts die aufblühende chemische und pharmazeutische Industrie die in den Heilkräutern gebildeten Wirkstoffe künstlich nachahmte und herstellte, wurde die Pflanze verdrängt von der anschwellenden Fülle präparierter Pulver, Tabletten und Lösungen, deren Heilwirkung genauer bemessen werden konnte als die der natürlichen Mittel. Daß jedoch der Wert der Heilpflanzen nie ganz vergessen wurde, beweist vor allem das grundlegende Vorschriftenbuch des deutschen Apothekers, das Deutsche Arzneibuch, das nach wie vor eine stattliche Zahl pflanzlicher Heilstoffe berücksichtigt. Darüber hinaus beginnt erfreulicherweise in jüngster Zeit das Verständnis für die Verwendung der Heilkräuter wieder mehr und mehr zu wachsen, und mit Recht mahnen Einsichtsvolle, die kostbare Naturgabe zu gebrauchen, sei es als Wildwuchs oder als planmäßig angebaute Zuchtpflanze. Durch die Mannigfaltigkeit ihrer wertvollen Stoffe liefern die Heilkräuter Arzneien, die an Wirkung den künstlichen Erzeugnissen zumeist nicht nachstehen; ihre Blätter und Blüten spenden erlesene Wohlgerüche, wie sie in so hoher Vollkommenheit nur die geheimnisvolle Werkstatt der Natur zu schaffen vermag, und sie sind endlich auch Labsal für Zunge und Gaumen, auf das niemand verzichten möchte.

Sandro Limbach

VERZEICHNIS DER TAFELN MIT ERLÄUTERUNGEN

Als offizinell bezeichnet man diejenigen Pflanzen, Pflanzenteile, pflanzlichen Erzeugnisse und Stoffe, deren Beschaffenheit, Wirkung und Anwendung im *Deutschen Arzneibuch* festgelegt ist.

1. BALDRIAN, *Valeriana officinalis.* Offizinell.
Andere Namen: Ballerjan, Bullerjan, Katzenkraut, Mondwurz, Hexenkraut.
Vorkommen: Europa, Klein- und Mittelasien. In Deutschland auf feuchten Wiesen, an Gebüschen und Waldrändern. Bis anderthalb Meter hoch. *Blütezeit:* Juni bis August.
Genutzte Teile: Wurzeln samt Wurzelstock und Ausläufern.
Anwendung: Anregendes oder beruhigendes Mittel bei nervösen Reizzuständen und bei Unterleibsbeschwerden.

2. WURMFARN, *Aspidium filix mas.* Offizinell.
Andere Namen: Johanniswurz, Fünffingerwurz, Federfaden, Bandwurmkraut.
Vorkommen: Europa, Nordasien, Nordamerika. Farnpflanze mit starkem, dicht unter der Bodenoberfläche liegendem Wurzelstock.
Sporenreife: Juli bis September.
Genutzter Teil: Wurzelstock.
Anwendung: Gegen Bandwurm und andere Eingeweidewürmer.

3. BIBERNELLE, *Pimpinella magna.* Offizinell.
Andere Namen: Theriakswurzel, Bockspetersilie.
Vorkommen: Europa, Vorderasien. Stengelpflanze, in Deutschland auf feuchten Wiesen. *Blütezeit:* Juni bis August.

Genutzte Teile: Wurzeln und Wurzelstock.
Anwendung: Gegen Mandelentzündung, Rachen- und Kehlkopfkatarrh; schleimlösendes und verdauungsförderndes Mittel.

4. LÖWENZAHN, *Taraxacum officinale.*
Andere Namen: Hundeblume, Hundszunge, Mönchskopf, Milchdistel, Röhrlkraut.
Vorkommen: Europa, nördliche Teile von Afrika, Asien und Amerika. In Deutschland auf Wiesen und an Wegrändern. Kraut mit fleischiger Wurzel. Alle Pflanzenteile führen einen bitteren Milchsaft. *Blütezeit:* März bis Oktober.
Genutzte Teile: Wurzel mit Kraut; Jungtriebe.
Anwendung: Blättersalat zu Blutreinigungskuren, ferner gegen Magen-, Nieren- und Gallenbeschwerden.

5. PETERSILIE, *Petroselinum sativum.*
Andere Namen: Kräutel, Peterlein, Peterling.
Vorkommen: Mittelmeerländer; in Mitteleuropa angebaut. Zweijährige Wurzel (weiß) mit würzigem Wohlgeruch (ebenso das Kraut). *Blütezeit:* Juni, Juli.
Genutzte Teile: Wurzel, Kraut und Samen.
Anwendung: Zerstoßene Blätter als Speisewürze; Wurzel, Kraut und Samen als harntreibendes Mittel.

6. WEGWARTE, *Cichorium Intybus.*
Andere Namen: Cichorie, Wegeleuchte, Hindlauf.
Vorkommen: Europa, Asien. In Deutschland an Weg- und Ackerrändern als ausdauerndes Unkraut. Weiße, milchhaltige Wurzel, rauhe Stengel. *Blütezeit:* Juli bis September.
Genutzte Teile: Wurzeln, Jungtriebe.
Anwendung: Gegen Magenkatarrh, Leberkrankheiten und Hämorrhoiden. Geröstete Wurzel als Kaffee-Ersatz, Jungtriebe als fein-bitterer Salat (Chicorée-Salat).

7. BEINWELL, *Symphytum officinale.*
Andere Namen: Beinheil, Schwarzwurzel, Comfrey.
Vorkommen: Europa. In Deutschland auf feuchten Wiesen, an Gräben und Bachrändern. Bis zu einem Meter hoher, fleischiger Stengel mit rauhhaarigen Blättern. *Blütezeit:* Mai bis September.
Genutzte Teile: Wurzel und Kraut.
Anwendung: Wundmittel, zu Umschlägen bei Quetschungen und Knochenbrüchen.

8. LUNGENKRAUT, *Pulmonaria officinalis.*
Andere Namen: Bockkraut, Lungenwurz.
Vorkommen: In ganz Europa, in lichten Wäldern. Krautiges Gewächs mit borstigem Stengel und weichen Blättern; Blüten anfangs rot, später blauviolett, Blätter herz- oder eiförmig mit schmalem Stiel; schleimhaltig, geruchlos. *Blütezeit:* März bis Mai.
Genutzte Teile: Blätter.
Anwendung: Gegen Erkrankungen der Schleimhäute.

9. WALDMEISTER, *Asperula odorata.*
Andere Namen: Halskräutlein, Sternleberkraut.
Vorkommen: Europa; im schattigen Hochwald. Kriechender Wurzelstock mit quirlig beblätterten Stengeln. *Blütezeit:* Mai, Juni.
Genutzter Teil: Kraut.
Anwendung: In Wein gelegt als Würzkraut; gegen Wassersucht und Steinablagerungen.

10. ROSMARIN, *Rosmarinus officinalis.*
Andere Namen: Rosmarein, Rosamarei, Röslinmarie.
Vorkommen: Südeuropa. In Deutschland als Einzelpflanze gezogen. Immergrüner, bis zwei Meter hoher Strauch mit schmalen, oben dunkelgrünen, unten weißlichen, filzigen Blättern. *Blütezeit:* März bis Mai; zweite Blüte im Herbst.

Genutzter Teil: Blätter.
Anwendung: Salbenbestandteil zur Reizwirkung und gegen Parasiten; Zusatz zu Bädern.

11. HIRTENTÄSCHEL, *Capsella bursa pastoris.*
Andere Namen: Taschenkraut, Beutelschneiderkraut, Schinkenkraut.
Vorkommen: Überall als lästiges Unkraut. Europa, Asien. *Blütezeit:* März bis Oktober.
Genutzter Teil: Kraut.
Anwendung: Blutstillendes Mittel; gegen Magenschmerzen und innere Blutungen; harntreibend.

12. SCHÖLLKRAUT, *Chelidonium majus.*
Andere Namen: Schindwurz, Schellkraut, Blutkraut.
Vorkommen: Europa, Nordamerika. In Deutschland auf Schutt, an Hecken und Zäunen. Ästige Stengelpflanze mit schwach behaarten Blättern, die in allen Teilen rotgelben Milchsaft führt. *Blütezeit:* April bis Oktober.
Genutzter Teil: Kraut (als Träger des Milchsaftes).
Anwendung: Äußerlich gegen Warzen und Geschwüre, innerlich gegen allerlei schmerzende Krankheiten, vor allem gegen Gelbsucht.

13. GARTENSALBEI, *Salvia officinalis.* Offizinell.
Andere Namen: Scharlei, Edelsalbei.
Vorkommen: Südeuropa, auf Berghängen. In Deutschland planmäßig angebaut. Halbstrauch, ein halb bis ein Meter hoch, mit aufrechten krautigen Stengeln und weißlichgrünen, meist dichtbehaarten Blättern. *Blütezeit:* Juni, Juli.
Genutzter Teil: Blätter.
Anwendung: Zu Mund- und Gurgelwässern, gegen Katarrh, gegen Leber- und Nierenleiden; auch äußerlich zu Umschlägen als Wundheilmittel.

14. MAJORAN, *Origanum Majorana.*
Andere Namen: Mairan, Maigram, Wurstkraut.
Vorkommen: In Deutschland in Gärten angebaut. Aufrechte Stengel mit filzartigen Blättern. *Blütezeit:* Juli, August.
Genutzter Teil: Kraut, vor allem Blätter und Blüten.
Anwendung: Fleischgewürz (für Wurst); schleimlösendes, harn- und schweißtreibendes Mittel; auch Bestandteil von beruhigenden Nervensalben.

15. BEIFUSS, *Artemisia vulgaris.*
Andere Namen: Gänsekraut, roter Buck, Sonnenwendel.
Vorkommen: Europa, Asien, Nordamerika. Bei uns meist in Gärten angebaut, sonst an Flußufern, Hecken und Zäunen. Hohe, ästige Stengelpflanze. *Blütezeit:* August, September.
Genutzter Teil: Kraut mit Blütenständen.
Anwendung: Angenehm bittere Bratenwürze; harntreibendes Mittel und Mittel gegen Unterleibsbeschwerden.

16. BRENNESSEL, *Urtica dioica.*
Andere Namen: Haarnessel, Donnernessel.
Vorkommen: Europa. Als Unkraut an Hecken, Zäunen, Schutthalden; in Gärten und Wäldern. Stengel und Blätter mit ›Brennhaaren‹, deren Gehalt an Ameisensäure zur Bildung von juckenden Blasen auf der Haut führt. *Blütezeit:* Juli bis September.
Genutzter Teil: Kraut.
Anwendung: Innerlich als blutreinigendes Mittel, äußerlich zu Gurgel- und Haarwuchswässern; Jungtriebe als Salat oder Gemüse.

17. RAUTE, *Ruta graveolens.*
Andere Namen: Weinraute, Weinkraut, Gartenraute.
Vorkommen: Aus mittelalterlichen Würz- und Kräutergärten stammend, jetzt verwildert. Heimat: Mittelmeer-

gebiet. Strauch mit charakteristisch geformten Blättern, die der gotischen Kreuzblume zum Vorbild dienten (siehe auch sächsisches Wappen). *Blütezeit:* Juli bis September.
Genutzter Teil: Kraut, vor allem Blätter.
Anwendung: Gewürz; gegen Blutandrang nach dem Kopfe, gegen Schwindel und Unterleibsbeschwerden.

18. THYMIAN, *Thymus vulgaris.* Offizinell.
Andere Namen: Römischer oder welscher Quendel.
Vorkommen: Mittelmeergebiet. In Deutschland als Heil- und Gewürzkraut angebaut. Kleinstrauch mit eingerollten, graugrünen Blättern. *Blütezeit:* Mai, Juni.
Genutzte Teile: Blätter und Blüten.
Anwendung: Gegen Keuchhusten, akuten Bronchial- und Kehlkopfkatarrh; als allgemeines Antiseptikum in Form von Mundwässern und Zahnpasten; als Bestandteil von Kräuterkissen und zu Umschlägen.

19. QUENDEL, *Thymus serpyllum.* Offizinell.
Andere Namen: Feldkümmel, wilder Thymian, Marien Bettstroh, Gundling.
Vorkommen: Europa, Asien, Nordamerika, Nordafrika. Strauchartiges Kleingewächs mit stark würzig duftenden Blüten; in Deutschland an Wegrändern und Waldlichtungen, in der Heide. *Blütezeit:* Juni bis September.
Genutzter Teil: Kraut (mit Blüten).
Anwendung: Bestandteil der ›aromatischen Kräuter‹, species aromaticae, die in Form von Kräuterkissen angewendet oder dem Badewasser beigefügt werden.

20. WERMUT, *Artemisia absinthium.* Offizinell.
Andere Namen: Wurmkraut, Hilligbitter, Absinth.
Vorkommen: Europa, Nordafrika. In Deutschland an Hecken und Zäunen, an Schutthalden und Abhängen;

auch planmäßig angebaut. Halbstrauch mit aufrechten Stengeln. *Blütezeit:* Juli bis September.
Genutzter Teil: Kraut (Blätter und blühende krautige Zweigspitzen).
Anwendung: Anregender Bitterstoff bei Appetitlosigkeit; gegen Magenverstimmung und Darmkatarrh; Wurmmittel; Küchengewürz.

21. YSOP, *Hyssopus vulgaris.*
Andere Namen: Eisop, Joseph, Kirchenseppl.
Vorkommen: Mittelasien, Mittelmeergebiet. Halbstrauch mit aufrecht stehenden Zweigen. An Feldrändern; auch planmäßig angebaut. *Blütezeit:* Juli, August.
Genutzter Teil: Kraut (Blätter und Blüten).
Anwendung: Gegen Bronchialkatarrh, Asthma, Gelbsucht und Kolik.

22. SCHAFGARBE, *Achillea Millefolium.*
Andere Namen: Tausendblatt, Katzenkraut, Gotteshand.
Vorkommen: Europa, Nordasien, Nordamerika. In Deutschland auf Wiesen und an Wegrändern. Unkraut mit zahlreichen aufrechten Stengeln und behaarten Blättern. *Blütezeit:* Juni bis Oktober.
Genutzte Teile: Blätter und Blüten.
Anwendung: Blutreinigungs- und Magenmittel; gegen Nierenleiden, Blasenleiden und Hämorrhoiden; äußerlich als Wundheilmittel.

23. RAINFARN, *Tanacetum vulgare.*
Andere Namen: Wurmkraut, Drüsenkraut.
Vorkommen: Europa, Nordasien, Nordamerika. In Deutschland an Wegrändern, Feldrainen und Flußufern. Meterhohe Stengel mit farnartigen, krausen Blättern (daher der Name) und gedrängter Traubendolde. *Blütezeit:* Juli bis September.
Genutzter Teil: Kraut, besonders Blüten.

Anwendung: Wurmmittel; gegen Magen- und Blasenleiden; zur Einreibung gegen Rheumatismus und Gicht.

24. PFEFFERMINZE, *Mentha piperita.* Offizinell.
Andere Namen: Hausminze, Edelminze.
Vorkommen: Westeuropa, Nordamerika, Japan. In Deutschland auf feuchten Wiesen; sehr viel planmäßig angebaut. Holziger Wurzelstock mit krautigen, verästelten Stengeln. *Blütezeit:* Juni bis August.
Genutzter Teil: Blätter.
Anwendung: Magenmittel und gegen Blähungen; äußerlich als Antiseptikum und gegen Migräne.

25. MELISSE, *Melissa officinalis.* Offizinell.
Andere Namen: Bienenkraut, Zitronenmelisse, Honigblume.
Vorkommen: Südeuropa, Mittelasien. In Deutschland als Heilpflanze angebaut. Krautige Pflanze mit eirunden Blättern und angenehm zitronenartigem Geruch. *Blütezeit:* Juli bis September.
Genutzter Teil: Blätter.
Anwendung: Herz- und magenstärkendes, auch krampfstillendes Mittel. Zusammen mit Zitronenschale, Muskatnuß, Zimt und Gewürznelken destilliert als magenstärkender ›Karmelitergeist‹.

26. ROTER FINGERHUT, *Digitalis purpurea.* Offizinell. *Giftig!*
Andere Namen: Fingerkraut, Waldglöckchen, Unserer Lieben Frau Handschuh.
Vorkommen: Westeuropa, atlantische Inseln. In Deutschland auf Abhängen und Halden (Gebirgsgegenden). Blattrosette, hoher Stengel mit Blütentraube. *Blütezeit:* Juni bis September.
Genutzter Teil: Blätter. Giftig.
Anwendung: Herzheilmittel. Nur vom Arzt zu verordnen!

27. BILSENKRAUT, *Hyoscyamus niger.* Offizinell. *Giftig!* Andere Namen: Tollkraut, Rasewurzel, Zigeunerkraut. Vorkommen: Europa, Asien. In Deutschland auf Schuttplätzen, an Hecken und auf Waldblößen. Krautige Pflanze mit rübenähnlicher Wurzel und etwa halbmeterhohem Trieb. *Blütezeit:* Juni bis August. *Alle Teile der Pflanze sind giftig.*
Genutzte Teile: Blätter und Stengel.
Anwendung: Wirksames Beruhigungsmittel; zu schmerzlindernden Einreibungen, bei Rheumatismus und Neuralgien. Nur vom Arzt zu verordnen!

28. STECHAPFEL, *Datura Stramonium.* Offizinell. *Giftig!* Andere Namen: Igelkolben, Stachelnuß, Tollkraut. Vorkommen: Aus Südosteuropa wahrscheinlich durch Zigeuner eingeschleppt. In Deutschland auf Schutthalden und an Feldrainen. Verzweigte krautige Pflanze, bis ein Meter hoch, mit auffallend stacheliger Kapselfrucht. *Blütezeit:* Juni bis Oktober. *Alle Teile der Pflanze sind giftig.*
Genutzter Teil: Blätter.
Anwendung: Innerlich gegen Asthma und krampfartigen Husten; vielfach in Form von Asthmazigaretten und Räucherpulvern. Nur vom Arzt zu verordnen!

29. TOLLKIRSCHE, *Atropa Belladonna.* Offizinell. *Giftig!* Andere Namen: Teufelskirsche, Wutbeere, Irrbeere, Tollkraut.
Vorkommen: Europa, Westasien. In Deutschland auf Waldlichtungen, vor allem auf kalkhaltigem Grunde. Strauchige Pflanze, bis eineinhalb Meter hoch, mit kirschenähnlichen hängenden Früchten. Im Sommer trifft man oft Blüten, unreife und reife Früchte gleichzeitig auf der Pflanze an. *Blütezeit:* Juni bis August. *Alle Teile der Pflanze sind giftig.*
Genutzter Teil: Blätter.

Anwendung: Gegen Darmleiden, Augenleiden, Asthma und Neuralgien. Nur vom Arzt zu verordnen!

30. ARNIKA (Bergwohlverleih), *Arnica montana.* Offizinell.
Andere Namen: Johannisblume, Engelkraut, Bergdotterblume.
Vorkommen: Mittel- und Südeuropa, Mittelasien, Nordamerika. In Deutschland auf bewaldeten Bergwiesen und Torfmooren. Bis zu ein halb Meter hohe krautige Pflanze mit querlaufendem gelbem Wurzelstock und orangegelben aufrechten Blütenköpfen. *Blütezeit:* Juni bis August.
Genutzter Teil: Blüten.
Anwendung: Als Wundmittel, bei Quetschungen und Blutergüssen. Innerlich gegen Katarrhe, Magen- und Darmerkrankungen.

31. KAMILLE, *Matricaria chamonilla.* Offizinell.
Andere Namen: Mutterkraut, Magdblume.
Vorkommen: Europa, Vorderasien, Australien. In Deutschland als Unkraut auf Feldern und an Wegrändern; oft auch planmäßig angebaut. Bis vierzig Zentimeter hohe Stengel mit zahlreichen Strahlenblüten von aromatischem Geruch und bitterlichem Geschmack. *Blütezeit:* Mai bis August.
Genutzter Teil: Blütenköpfchen.
Anwendung: Schweißtreibendes Mittel; zu Gurgelwässern; zu Umschlägen und als Wundheilmittel; auch für Kräuterkissen.

32. LAVENDEL, *Lavandula spica.* Offizinell.
Andere Namen: Lavander, Flander, Speik.
Vorkommen: Mittelmeerländer, Südfrankreich. In Deutschland in Gärten angebaut. Halbstrauch mit aufrechtem Stamm und Zweigen und schmalen, graugrünen, lederartigen Blättern. Die Blüten duften angenehm

und schmecken bitter. *Blütezeit:* Juli, August.
Genutzter Teil: Blüten.
Anwendung: Aromatischer Zusatz zu Bädern und Waschwasser; zur Abwehr von Insekten; natürlicher Duftspender (Wäsche); auch Bestandteil aromatischer Kräutermischungen.

33. KÖNIGSKERZE, *Verbascum thapsiforme.* Offizinell.
Andere Namen: Wollblume, Kerzenkraut.
Vorkommen: Mitteleuropa, teilweise Südeuropa. In Deutschland an steinigen Hängen, an Wegrändern, an Waldlichtungen. Schlanker, bis zu drei Meter hoher Stengel mit wolligen Blütenrosetten. *Blütezeit:* Juli bis September.
Genutzter Teil: Blüten.
Anwendung: Gegen Bronchial- und Magen-Darm-Katarrh; auch harn- und schweißtreibendes Mittel; ferner zu Umschlägen und Spülungen.

34. KÜMMEL, *Carum carvi.* Offizinell.
Andere Namen: Wiesenkümmel, Mattenkümmel.
Vorkommen: Europa, Mittel- und Westasien. In Deutschland auf Bergwiesen und an Wegrändern; auch sehr viel feldmäßig angebaut. Bis dreiviertel Meter hohe, verzweigte Pflanze mit weißen Dolden und sichelförmiger Frucht.
Blütezeit: April bis Juni.
Genutzter Teil: Früchte.
Anwendung: Gewürz; gegen Magen- und Darmleiden; zur Förderung der Milchabsonderung.

35. DILL, *Anethum graveolens.*
Andere Namen: Till, Tille.
Vorkommen: Mittelmeerländer; in Deutschland als Garten- und Feldpflanze. Bis achtzig Zentimeter hoher glatter Stengel mit dünnen Blättchen und gelben Blütendol-

den. Früchte eirund und gerippt. *Blütezeit:* Juni bis September.
Genutzter Teil: Früchte.
Anwendung: Wie Kümmel.

36. KORIANDER, *Coriandrum sativum.*
Andere Namen: Schwindelkraut, Krapfenkörner.
Vorkommen: Mittelmeerländer, ursprünglich Mittelasien. In Thüringen feldmäßig angebaut. Meterhohe ästige Stengelpflanze mit gezähnten Blättchen; Früchte rund, graugelb. *Blütezeit:* Juni bis August.
Genutzter Teil: Früchte.
Anwendung: Gewürz; gegen Magen- und Darmleiden; Bestandteil des ›Karmelitergeistes‹. (In größeren Mengen genossen, verursacht Koriandersamen Unwohlsein.)

Sandro Limbach

ALPHABETISCHES VERZEICHNIS DER KRÄUTER

Das Buch erschien erstmals 1936 in der Insel-Bücherei. Die vorliegende Ausgabe folgt der zweiten Auflage von 1937, in der die Tafeln *Sauerampfer* und *Wegerich* ausgewechselt wurden gegen die Tafeln *Lungenkraut* und *Arnika* und in der die Reihenfolge der Tafeln 8 bis 30 geändert wurde.

DIE FÜNFUNDZWANZIG BÄNDE ZUM FÜNFUNDSIEBZIGJÄHRIGEN BESTEHEN DER INSEL-BÜCHEREI IM JAHRE 1987

Zwölf der Bände erscheinen erstmals in der Insel-Bücherei (*); zwölf Bände werden neu, zum Teil mit Veränderungen, aufgelegt. Der fünfundzwanzigste Band erscheint als Bibliographie der Insel-Bücherei von 1912-1987.

Rainer Maria Rilke, Die Weise von Liebe und Tod des Cornets Christoph Rilke. Reprint des Insel-Bücherei-Bandes von 1912. Insel-Bücherei Nr. 1

Heinrich Hoffmann, Der Struwwelpeter oder lustige Geschichten und drollige Bilder. Mit 24 farbigen Tafeln. Insel-Bücherei Nr. 66

Iwan Turgenjew, Gedichte in Prosa. Die Übertragung von Theodor Commichau wurde durchgesehen und durch den von Wolfgang Kasack übersetzten Text „Die Schwelle" ergänzt. Mit Doppeltiteln und Leisten von Heinrich Vogeler nach der Ausgabe von 1903 im Insel Verlag. Insel-Bücherei Nr. 259

Das kleine Kräuterbuch. Einheimische Heil-, Würz- und Duftpflanzen, nach der Natur gezeichnet von Willi Harwerth. Mit einer kleinen Kräuterkunde von Friedrich Schnack sowie Tafel-Erläuterungen von Sandro Limbach. Insel-Bücherei Nr. 269

Franz Schubert, Goethe-Lieder. Für eine Singstimme mit Klavierbegleitung. Mit einem Nachwort von Peter Horst Neumann. Insel-Bücherei Nr. 284

Der Erste Beernhäuter. Nicht ohne sonderbare darunter verborgene Lehrreiche Geheimniß, sowol allen denen, die so zu schelten pflegen und sich so schelten lassen, als auch sonst jedermann (vor dißmal zwar nur vom Ursprung dieses schönen Ehren-Tituls) andern zum Exempel vorgestellet von *Illiterato Ignorantio,* zugenannt *Idiota* (Hans Jacob Christoffel von Grimmelshausen). Mit einem Nachwort von Manuel Schnitzer und Abbildungen von Marcus Behmer. Insel-Bücherei Nr. 340

Die Minnesinger in Bildern der Manessischen Handschrift. Mit 24 farbigen Tafeln und einem Nachwort von Elisabeth Karg-Gasterstädt. Insel-Bücherei Nr. 450

Hermann Hesse, Vom Baum des Lebens. Ausgewählte Gedichte. Mit einem Nachwort von Volker Michels. Insel-Bücherei Nr. 454

Hugo von Hofmannsthal, Der Kaiser und die Hexe. Mit Zeichnungen von Heinrich Vogeler und einem Nachwort von Rudolf Hirsch. Insel-Bücherei Nr. 996

Johann Wolfgang Goethe, Alle Freuden, die unendlichen. Gedichte und Interpretationen. Herausgegeben und mit einem Nachwort von Marcel Reich-Ranicki. Insel-Bücherei Nr. 1028*

Heinrich von Kleist, Prinz Friedrich von Homburg. Ein Schauspiel. Mit Lithographien von Karl Walser und einem Nachwort von Hans Mayer. Insel-Bücherei Nr. 1029*

Heinrich Heine, Der Doktor Faust. Ein Tanzpoem, nebst kuriosen Berichten über Teufel, Hexen und Dichtkunst. Mit farbigen Zeichnungen, Vignetten und Initialen von József Divéky. Insel-Bücherei Nr. 1030*

Honoré de Balzac, Das unbekannte Meisterwerk. Mit Illustrationen von Pablo Picasso. Herausgegeben und mit einem Nachwort versehen von Sebastian Goeppert und Herma Goeppert-Frank. Ins Deutsche übertragen von Herma Goeppert-Frank. Insel-Bücherei Nr. 1031*

St. Brandans wundersame Seefahrt. Herausgegeben, aus dem Mittelhochdeutschen übertragen und mit einem Nachwort versehen von Gerhard E. Sollbach. Mit einem farbigen Frontispiz. Insel-Bücherei Nr. 1032*

Präciosa's Orakelsprüche in sechsunddreißig farbigen Rätselbildern. Mit einem Nachwort von Karl Riha. Insel-Bücherei Nr. 1033*

Friedrich der Große, Das Buch Blaubart. Mit den Blaubart-Märchen von Charles Perrault und den Brüdern Grimm. Herausgegeben und mit einem Nachwort versehen von Hartwig Suhrbier. Insel-Bücherei Nr. 1034*

Von dem Machandelboom. Ein Märchen nach Philipp Otto Runge. Mit einem farbigen Frontispiz und einer Vignette von Anita Albus. Nacherzählt und mit einem Nachwort versehen von Wolfgang Koeppen. Insel-Bücherei Nr. 1036*

Anita Albus, Eia popeia et cetera. Eine Sammlung alter Wiegenlieder aus dem Volk. Mit 7 farbigen Bildern. Insel-Bücherei Nr. 1037*

Schwanenmärchen. Mit einem Frontispiz und Vignetten. Ausgewählt und mit einem Nachwort versehen von Klaus Bertisch. Insel-Bücherei Nr. 1038*

Tibetische Lieder. Mit Zeichnungen von Wangdjal. Gesammelt, übertragen und erläutert von Margret Causemann. Insel-Bücherei Nr. 1039*

Die Geschichte von Aucassin und Nicolette. Mit 16 Holzschnitten und Musiknoten von Fritz Kredel, koloriert von Martin Schauer. Mit einem Nachwort von Wolfgang Lange. Insel-Bücherei Nr. 1071

Heinrich Vogeler, Dir. Gedichte. Mit kolorierten Zeichnungen des Autors und einem Nachwort von Heinrich Wiegand Petzet. Insel-Bücherei Nr. 1072

Jean Paul, Des Luftschiffers Giannozzo Seebuch. Almanach für Matrosen wie sie sein sollten. Reprint eines von Emil Preetorius kolorierten Exemplars. Mit einem Nachwort von Evi Rietzschel. Insel-Bücherei Nr. 1073

Von dem Fischer un syner Fru. Ein märchen nach Philipp Otto Runge mit sieben bildern von Marcus Behmer und einem Nachwort von Beate Jahn. Mit einer Nacherzählung und einem Nachwort von Uwe Johnson. Insel-Bücherei Nr. 1075

Fünfundsiebzig Jahre Insel-Bücherei. 1912-1987
Eine Bibliographie, bearbeitet und herausgegeben von Herbert Kästner. Mit 47 Abbildungen.